Meiner LiebenDo gewidmet.

*Sie hat es meist geduldig ertragen,
dass ich schon aus beruflichen Gründen
viel zu wenig Zeit für sie hatte.
Um so mehr schätze ich ihren Großmut,
mir auch heute noch
den meist zeitaufwändigen Spaß
an der Tastatur meines Rechners
zu gönnen.*

*Dankbar bin ich zudem
den vielen Ideengebern
für das simplosphische Kaleidoskop
meiner einfach gereimten Gedanken
und Erkenntnisse – auch denen,
die es unfreiwillig taten.*

Rudolf Köster

Simplosophisches

Band 2 meiner
einfach gereimten Gedanken

Bibliografische Information der Deutschen Nationalbibliothek:
Die Deutsche Nationalbibliothek verzeichnet diese Publikation
in der Deutschen Nationalbibliografie; detaillierte bibliografische
Daten sind im Internet über: //dnb.dnb.de abrufbar.

© 2017 Rudolf Köster

Herstellung und Verlag:
BoD – Books on Demand, Norderstedt

ISBN: 978-3-7431-9702-2

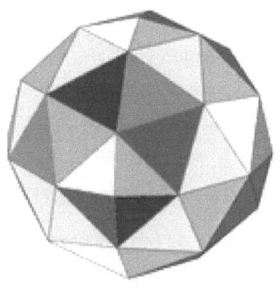

Zeitgenossen

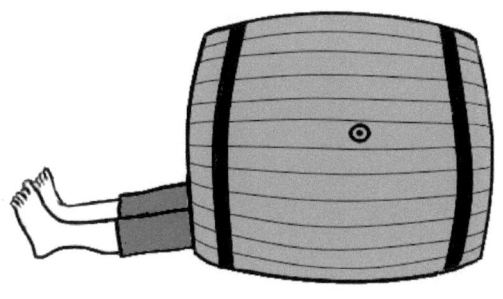

Es ist schon seltsam.

Wenn wir uns die Menschen um uns herum anschauen, dann fallen vor allem diejenigen auf, an denen etwas bemerkenswert ist. Und wie das so ist im Leben – interessant sind vor allem solche Menschen, über die man sich das Maul zerreißen kann.

Aber man gerät ja gottlob vereinzelt auch mal an den ein oder anderen (natürlich ist auch die eine oder andere dabei mitgemeint), der (die) unsere Achtung oder gar Bewunderung verdient …

Viel Spaß bei der simplosophischen Begegnung mit den Zeitgenossen um uns herum!

Inhalt

Absatzregel	S. 11
Persönlichkeitsentwicklung	S. 11
Rock-Opas	S. 12
Berufskrankheit	S. 12
Artgerecht	S. 13
Richtigstellung	S. 13
Freundschaftsbeweis	S. 14
Zu große Spur	S. 14
Gewichtsverteilung	S. 14
Das Crusoe – Dilemma	S. 15
Teile mit Weile	S. 15
Logisch	S. 16
Vergebenes Mienenspiel	S. 16
Mangelnde Einbildungskraft	S. 16
Action-Kino	S. 17
Verkauf-Strategen	S. 17
Lästermäuler	S. 17
Sudoku-Variante	S. 18
Rollenverteilung	S. 18
Unerklärlich	S. 19
Konsequent	S. 20
Nicht konsequent	S. 20

Klassen-Kampf	S. 21
Lehrerschicksal	S. 21
Auslegungssache	S. 21
Typisierung	S. 22
Stoffwechsel-Gesundung	S. 22
Problemlösung	S. 22
Eltern-TÜV	S. 23
Alleinerziehend	S. 24
Untauglicher Versuch	S. 25
Sprachregelung	S. 25
Pyroman	S. 25
Großkotz	S. 26
Rede- Diarrhö	S. 26
Nicht schön	S. 26
Wenn eine Hand die andre wäscht …	S. 27
Schmierstoff	S. 27
Scheinwürde	S. 28
Sauerländer Einladung	S. 28
Sonderbar	S. 28
Ärgerlich	S. 29
Égalité	S. 29
Tierisch hohes Risiko	S. 29
Falsches Klasse(n)bewusstsein	S. 30

Von einer, die sich auszog ...	S. 30
Rechenregel	S. 30
Neusprech	S. 31
Vertauschte Reihenfolge	S. 31
Eng-Sternig	S. 32
Hybris in Weiß	S. 32
Fanatiker	S. 33
Trugschluss	S. 33
Überzeugungstäter	S. 33
Goldenes Schweigen	S. 33
Individuelle Diskretion	S. 34
Legale Straftat	S. 34
Pädagogische Mogelpackung	S. 34
Bildungsfernsehen ade!	S. 35
Zu flott	S. 35
Haut(e)-Couture	S. 36
Grenzenlose Toleranz?	S. 37
Schwadroneure	S. 37
Verdrehte Zustimmung	S. 37
Fachjargon	S. 38
Bauernregel	S. 38
Lernverzug	S. 38
Ordnungsgemäß	S. 39

Wundersam   S. 39

Berufliche Härte   S. 40

Beschränkter Horizont   S. 40

Bedienungsfehler   S. 41

Nachruf   S. 41

Blitzblanke Sauberkeit   S. 41

Gebremster Tageslauf   S. 42

Ewige Freundschaft   S. 42

Farbenspiel   S. 42

Glanzprobleme   S. 42

Radikal-Opposition   S. 43

Wachsamkeit   S. 43

Heimat-Liebe   S. 44

Hindernis   S. 44

Kompliziert   S. 44

Spaß statt Freud   S. 45

Blender   S. 45

Kulturbanause   S. 46

Ewige Treue   S. 46

Fatales Zusammentreffen   S. 47

Der Reinfall   S. 47

Absatzregel

Bei High-Heels gibt es, denk' ich schon,
'ne aufschlussreiche Relation:
Meist korreliert mit großer Strenge
die ausgewählte **Absatz**-Länge
mit wenig intellektueller Würze,
gepaart mit starker **Hauptsatz**-Kürze!

Persönlichkeitsentwicklung

Wer wird schon gern zur Sau gemacht,
doch wenn man richtig nachgedacht,
kommt man zum Schluss ganz automatisch,
dass das nicht immer nur schematisch
was wirklich Negatives ist.
Wer nämlich so denkt, der vergisst,
dass manche sich – ganz unberufen –
als Sau erheblich höher stufen!

Rock-Opas

Sie touren wieder überall:
Bei jedem Oldie-Festival
da kann man Opas in die Saiten
greifen sehen, die beizeiten
ungeheuer populäre
und auch revolutionäre
angesagte Musik machten,
dass die Hallen nur so krachten,
damals, als noch ohne Fasten
sie in ihre Jeans rein passten!
Umso schlimmer ist der Schock
dann bei solchem **Falten-Rock***!*

Berufskrankheit

Ein Feuerschlucker muss vermeiden,
am Burn-Out-Syndrom zu leiden.

Artgerecht

Der Stammtisch ist sein Rückzugsort,
Mann kann dort über Fußballsport
und Autos reden oder auch
darüber, dass man ohne Bauch
nichts darstellt und was so ein Mann
an Alkohol vertragen kann.
Mann ist dort meistens unter sich,
das prägt den Stammtisch wesentlich.
Probleme löst man dort im Nu,
allein, man kommt ja nicht dazu,
denn dieser, jener und auch der
stellt sich bei alledem ja quer!
„Die müsste alle weg man schließen!"
„Oder am besten gleich ersch....!"
Hier kann man noch vom Leder ziehen,
muss Geist nicht und Verstand bemühen,
genießt, dem Gender-Kult zum Trutz,
echt maskulinen „Denk-mal"-Schutz.

Richtigstellung

Man hat heut Herrn Meier, den jeder hier kennt,
gebeten, dass er sein Erfolgsrezept nennt:
"Ich hab es geschafft – beziehungsweise -
aus eigener Kraft – beziehungsweise ..."
Er sollte weise das "**weise**" streichen,
"**Beziehung**" allein, das würde schon reichen!

Freundschaftsbeweis

Ein Fünfziger, dem Freund geborgt,
hat letztlich dann dafür gesorgt,
dass ich – was sonst nie vorgekommen –
von diesem „Freund" nichts mehr vernommen.
Da hab' ich mich nicht aufgeregt,
das Geld war bestens angelegt!

Zu große Spur

Er ist einer von der Art
formgewandt, gewieft und smart,
die man gern Pedanten nennt
und als Besserwisser kennt:
Einer von den argen Pfeifen,
die es nimmermehr begreifen,
dass mit sehr viel **Wissen** man
auch ein **Riesendepp** sein kann.

Gewichtsverteilung

Schlanke Frau'n – ich find das drollig –
fühlen oftmals sich als mollig;
die Molligen – sogar die netten –
zählen meist sich zu den Fetten;
die Fetten schließlich – Mannomann –
gerade **die** zieh'n **Leggins** an!

Das Crusoe – Dilemma

Der Tod für jede Produktion
sind Arbeiter wie **Robinson,**
die, wenn sie in die Woche starten,
sehnsüchtig schon auf **Freitag** warten.

Teile mit Weile

Die Arbeitsteilung ist mitnichten
durch's Fließband in die Welt geraten,
denn seit Jahrhunderten verrichten
Beamte so und Bürokraten
ihr öffentliches Tagewerk.
Und vielen gilt dabei allein
als erstes Teilungs-Augenmerk,
nur ja nicht zuständig zu sein.

Logisch

*Wer viele Worte stets **verliert**
bei seinen sprachlichen Ergüssen,
der wird natürlich garantiert
die richtigen oft **suchen** müssen!*

Vergebenes Mienenspiel

Es ist halt so – vertut euch nicht,

zwei Backen sind noch kein Gesicht!

Mangelnde Einbildungskraft

*Es gibt genügend Leute, die
so monoton durchs Leben traben,
dass von so was wie **Fantasie**
nicht mal ne' **Vorstellung** sie haben.*

Action-Kino

Meine Tante Rosmarie
führt zu Hause gern Regie:
Samstags hat sie **Rambo** drauf,
mit dem Film: **Mein Mann räumt auf**!

Verkauf-Strategen

Als Germanist hab ich gelernt,
sehr genau danach zu fragen,
was, wenn Tarnung man entfernt,
uns die Wörter wirklich sagen.
Zum Beispiel kennen wir **Vertreter**,
die Staubsauger, Versicherungen,
feil uns bieten in beredter
Strategie mit süßen Zungen
und wortgewandt und stets geschliffen
verkaufen wollen ihre Sachen.
Da habe ich dann schnell begriffen,
was **Volks**vertreter mit uns machen!

Lästermäuler

Klatsch und Tratsch in Hochkultur
beherrschen böse Zungen nur,
wenn sie sich schamlos nicht genieren,
der Sache Kern zu ignorieren
und fähig sind, sich auszubreiten
vor allem über Kleinigkeiten.

Sudoku-Variante

Wer beim Sudoku seiner Frau
hilfreich beisteht und dabei
*„**So-du-Kuh!**" grad wie ein Pfau*
in schadenfroher Prahlerei
abwertend zynisch fallen lässt,
erweist sich als ein arger Wicht,
denn eines steht ja sicher fest:
*Das **Rätsel** meint er damit nicht!*

Rollenverteilung

Allzu oft wird ja vergessen,
*wenn Männer den **Erfolg** bemessen*
(der bezeugt durch Ruhm und Orden),
wie es denn dazu geworden:
Ein Mann verdankt meist die Girlanden
der Frau, die hinter ihm gestanden.
*Seiner **ersten**, wohl bemerkt,*
die den Rücken ihm gestärkt
– neben seinen Hemden – und
ihm erzogen Kind und Hund.
Was an sich noch kein Problem wär,
wenn nicht außerdem er
– ohne Skrupel je zu hegen –
grade seiner Geltung wegen,
die Erfolg so mit sich bringt,
*seine **zweite** Frau erringt!*

Unerklärlich

*Woher in Afrika, dem warmen,
die vielen hungrigen und armen
Menschen kommen, fragt Frau Spitzer,
die Gattin vom Fabrik-Besitzer,
nach einer Großwildjagd-Safari
am Lagerfeuer den Askari,*

*wo hier sogar für den Tourist[1]
doch alles äußerst billig ist?*

---

[1] Frau Spitzer beherrscht natürlich den Ruhrgebiets-Akkusativ

Konsequent

Marcel-Tobias, meinem Neffen,
bot unlängst beim Familientreffen
ich eine Zigarette an.
Da sagte mir der junge Mann,
ob man es nicht am Outfit sehe,
dass er auf **Tabak** nicht mehr stehe
(und sei er auch von bester Güte),
der käm' bei ihm nicht in die **Tüte**.

Nicht konsequent

Man muss Klaus-Dieter exemplarisch
charakterlos und sprunghaft heißen:
Er isst zwar strengstens vegetarisch,
und scheut sich doch, ins Gras zu beißen!

Klassen-Kampf

Nach der letzten Schularbeit
in Englisch – es war eine Sechs! –
erklärt mein Sohn mir lang und breit
damit sei Ende, Schluss und Ex!
Er weigere sich ab sofort,
an Klausuren teilzunehmen,
solch ein repressiver Ort
sei geeignet ihn zu lähmen,
sein Freiraum würde eng und enger,
sein Selbst gerate aus der Spur,
er unterwerfe sich nicht länger
dieser **staatlichen Zensur**!

Lehrerschicksal

Als Lehrer tut man oft sich schwer
mit Kindern, die im Kopf recht leer
und daher **furchtbar einfach** sind.
Doch noch viel schlimmer ist ein Kind,
das als verwöhnter Anarchist
ständig **einfach furchtbar** ist!

Auslegungssache

Er widerspricht ganz vehement,
wenn irgendwer **korrupt** ihn nennt:
Denn das vermeidet er penibel,
ist nur **moralisch sehr flexibel**.

Typisierung

Als Noah nach der Sintflut-Fahrt
per Arche auf dem Ararat
gestrandet einsam und verloren,
da hat er seinen Gott beschworen:
„Warum, oh Herr, fiel Deine Wahl
auf mich, bei all der Menschen Zahl?
Da hört: „Ganz einfach", er es schallen,
„Du bist der einzige von allen,
der mir begrifflich übrig blieb:
*Ich brauchte einen **Arche-Typ**!*

Stoffwechsel-Gesundung

Meine Tante Martha nimmt,
wenn ihr Stoffwechsel nicht stimmt,
weder Tropfen noch Tabletten,
auch der Doktor kann nichts retten,
lieber löst sie ihr Problem
bei C&A und H&M.

Problemlösung

Es ist konstant der gleiche Jammer:
Kennt man als Werkzeug nur den Hammer,
wird man Probleme und Ideen
immer nur als Nägel sehen.

Eltern-TÜV

*So mancher fragt sich sicherlich,
genau so deprimiert wie ich,
woher das Unvermögen rührt,
das oftmals zu Problemen führt,
wenn Eltern sich die Haare raufen,
zuhauf zu Psychologen laufen,
weil selbst mit Brechen und mit Biegen
die Blagen nichts gebacken kriegen!*

*Kann es denn sein, dass die Malaise
(zumindest ist das meine These)
vielleicht vor allem daher rührt,
dass jeder unzertifiziert,
als völlig ungelernte Kraft,
allein aus Lust und Leidenschaft
ganz ohne Prüfung ungeniert
leichtfertig Nachwuchs produziert?*

Alleinerziehend

*Sie nehmen langsam überhand,
man findet sie im ganzen Land,
die Kinder, die als Kiddies schon
in Läden und im Stadion,
im Bus und in der Straßenbahn
wild mit mächtigem Organ
mit den Eltern diskutieren,
notfalls auch auf allen Vieren
oder wütend hingestreckt.*

*Ohne jeglichen Respekt
vor der Eltern bittend Flehen
dominier'n sie das Geschehen,
bis mit grässlichem Gebrüll
erreicht ist, was man haben will,
ohne Hilfe, ohne Mühen:
Das nenn' ich „allein erziehen"!*

Untauglicher Versuch

Es ist doch wirklich wunderlich,
wenn offensichtlich ärgerlich
immer wieder so ein Trampel
auf den Knopf der Straßenampel
hämmert, weil mit ihrem Rot
sie ein Übergangsverbot
für ihn anzeigt und er sich
Grün herbei wünscht flehentlich.
Besteht ein Grund denn, ein reeller,
zu glauben, dadurch ging' es schneller?

Sprachregelung

Als unlängst in der Sauna ich
auf Hochdeutsch mit dem Freunde mich
ganz leis', damit es niemand stört,
kurz ausgetauscht, da rief empört
so'n widerlicher alter Knochen:
*„Hier wird nur **Schwitzer**dütsch gesprochen!"*

Pyroman

Warum ich Dieter nicht verdamme,
der's stets mit neuen Frauen treibt?
Weil er mit jeder neuen Flamme
als Pyromane treu sich bleibt!

Großkotz

Für Rotweintrinker gilt zumeist,
dass liebenswert und freundlich sie.
Doch ich kenn' einen, der fällt dreist
heraus aus dieser Galerie:
Mein rechter Nachbar, Müllers Heiner.
„Was bleibt mir übrig", sagt der Mann,
„ich trinke Rotwein, weil mir keiner
hier das Wasser reichen kann!"

Rede- Diarrhö

Man müsste all den Plappernasen
so richtig mal aufs Mäulchen klopfen,
ihnen die Flut verbaler Blasen
zurück in die Verdauung stopfen
und sie – auch wenn's barbarisch klingt –
im eig'nen Labermist begraben,
der da ist, weil sie unbedingt
zu **allem nichts** zu sagten haben!

Nicht schön

Wenn jemand ständig weltentrückt:
„Ist das nicht **schön**!" ruft ganz verzückt
vergisst zu leicht er im Gestöhn,
wie recht er hat: Das **ist** nicht schön!

Wenn eine Hand die andre wäscht …

*Schon lange hab' ich nachgedacht,
ob Recht ich hab' mit dem Verdacht,
dass Hände, die sich waschend reiben,
statt Sauberkeit sich zu verschreiben,
nicht selten hier auf dieser Erden
gerade dadurch schmutzig werden.*

Schmierstoff

*Wenn jemand ständig insistiert,
es laufe alles **wie geschmiert**,
dann merke auf, eh es zu spät,
weil die Metapher uns verrät:
Der Motor läuft bei der Aktion
oft nur dank Filz und Korruption!*

Scheinwürde

Als Philosoph gilt oftmals schon
eine gebildete Person,
die **Unerklärliches** abstrakt
in **Unverständliches** verpackt

Sauerländer Einladung

„Kommt doch am Sonntag mal vorbei,
am besten gleich nach dem Kaffee,
Dann habt ihr keine Hetzerei
und könnt genüsslich zum Souper
noch deutlich vor dem Mondenschein
bequem wieder zuhause sein!"

Sonderbar

Ich kenn so manchen aus der Gilde
(und einige sogar mit Namen),
die sind zwar selten nur im Bilde,
doch fallen ständig aus dem Rahmen.

Ärgerlich

*Es muss 'ne echte Gender-Frau
doch gewaltig irritieren,
dass, wenn müde sie und mau
sich schon fast auf allen Vieren
mühsam in die Koje schleicht,
sie den Weg ins Schlummerland
immer wieder nur erreicht,
wenn der Schlaf sie über**mannt**.*

Égalité

***Gleich** vor dem Gesetz zu sein,
ist ein schöner Traum,
bei Kleinen schlägt der Blitz schnell ein,
bei Großen leider kaum.
Allein, wen **Misanthrop** man nennt,
von dem kann man erwarten,
dass Unterschiede er nicht kennt
im weiten Gottesgarten
von Menschenkind zu Menschenkind:
Weil sie **völlig gleich** ihm sind.*

Tierisch hohes Risiko

*Packt ein **Affe** hinterm Steuer
sich den **Tiger** in den Tank,
wird er leicht zum **Ungeheuer**,
rasend im Motorenklang!*

Falsches Klasse(n)bewusstsein

Ich kenne leider manche Leute
von gestern, die sich auch noch heute,
weil früher and're Regeln galten,
ganz ungeniert für besser halten,
als Klasse von besond'rem Wert,
die nicht mit Hinz und Kunz verkehrt.
Jedoch so recht bei Licht besehn
fällt mir bei solchen Leuten ein:
Statt sich als Klasse zu verstehn,
sollten sie besser klasse sein!

Von einer, die sich auszog ...

Der alt geword'ne Striptease-Star
begehrte als Geburtstagskind,
an dem gelebte 70 Jahr
ganz spurlos nicht verstrichen sind,
noch immer hungrig nach Applaus,
ihr einen Auftritt zu gewähren.
Dann zog die Stripperin sich aus,
um so das Fürchten uns zu lehren.

Rechenregel

An Freunden gibt es diesen, jenen,
*doch **rechnen** soll im Notfall man*
zur Sicherheit allein mit denen,
*auf die man wirklich **zählen** kann!*

Neusprech

*Es mag ja ziemlich albern klingen,
wenn Jugendliche **Hip-Hop** singen
und so, um Schlager aufzupeppen,
nicht mehr rocken, sondern **rappen** –
ganz verzückt und ohne Scheu.
Doch was ist daran schon neu,
wenn sie sprachlich so verlottern?
Früher nannte man das **Stottern**!*

Vertauschte Reihenfolge

*Er steht vor uns, der große Mann,
der stets nur zählt, was er getan –
und wir, wir denken nur gequält,
hat er auch was getan, was zählt?*

Eng-Sternig

Schau ich in milder, klarer Nacht
hinauf in all die Sternenpracht,
fällt eine Diskrepanz mir auf
in dieser Welt und ihrem Lauf:
Es leben viele, die man kennt
unter dem **weiten Firmament**
egal ob schwarz, ob braun, ob blond
mit arg **beschränktem Horizont.**

Hybris in Weiß

Es hat mich damals sehr gestört,
als ich von meinem Arzt gehört:
„Na, wie hab' ich Sie geheilt!"
Ich fand das ziemlich übereilt
und hab' stattdessen vorgetragen,
er sollte erst mal lieber sagen
(was ihm die Laune arg verdorben)
„Zum Glück sind Sie mir nicht verstorben!"

Fanatiker

Ein Kopf ist meist nicht mal vorhanden,
und trotzdem wollen sie partout,
wenn sie mit was nicht einverstanden,
mit ihm durch Wände immerzu!

Trugschluss

So mancher Mann auf hohem Thron
und auch in and'rer Position,
die Achtung ihm und Macht verleiht,
ist vor dem Irrtum nicht gefeit,
er sei zudem auch telegen.
Wobei an ihm jedoch nur schön
– was er geflissentlich vergisst –
die Frau an seiner Seite ist.

Überzeugungstäter

Ein Ignorant kann in der Tat
an seine Überzeugung glauben,
denn wenn er keine andre hat,
lässt die sich schwerlich einfach rauben!

Goldenes Schweigen

Wer gute Unterhaltung liebt,
der weiß auch, dass es Menschen gibt,
*die sollte man, wenn sie **nicht** sprechen,*
dabei partout nicht unterbrechen!

Individuelle Diskretion

Meine Tante Adelgunde
weiß, so geht von ihr die Kunde,
das, was man ihr anvertraut
(auf Diskretion und Takt gebaut),
ohne Scheu und ohne Zaudern
so vertraulich auszuplaudern,
dass sie später jedermann
beteuern und versichern kann,
das Siegel der Verschwiegenheit
gewahrt zu haben jederzeit.

Legale Straftat

So manche Frau tut täglich Dinge,
wenn mit Make-up sich sie verwandelt,
für die glatt ins Gefängnis ginge,
wer mit gebrauchten Autos handelt.

Pädagogische Mogelpackung

Man sollte mancher Übermutter,
die meint, dass mit **Studenten**futter
sie ihrem schwach begabten Sohn
könnte weiter helfen schon,
wirklich sagen klipp und klar:
„Du weißt es nicht ganz offenbar,
dass Opfer du der Illusion bist,
dass so etwas schon **Inklusion** ist!"

Bildungsfernsehen ade!

Wenn ganztags stets die Glotze glüht,
weil Kevin gerne Talkshows sieht,
in denen Schrille und Proleten
für'n paar lumpige Moneten
ungeniert aus vollen Kehlen
lärmen, kreischen und krakeelen,
währenddessen ihm Chantal
— unfrisiert, bekifft und drall —
aus dem Kühlschrank Durst bedingt
Nachschub für die Kehle bringt,
kann man konstatieren nur:
*Das ist **bildungsfern Seh'n** pur.*

Zu flott
Mancher ist mir zu alert,
*kennt nur die **Preise**, nicht den **Wert**!*

Haut(e)-Couture

*Modeschöpfer, denkt man sich,
muss ein Beruf sein sicherlich,
der ganz besonders attraktiv
und reizvoll ist: Mit relativ
geringer Müh' und frohem Sinn
schöpft man einfach vor sich hin
und zieht sodann die schönsten Frauen
an und kann sich dran erbauen.
Doch konkret danach befragt,
hat der Meister mir gesagt:*

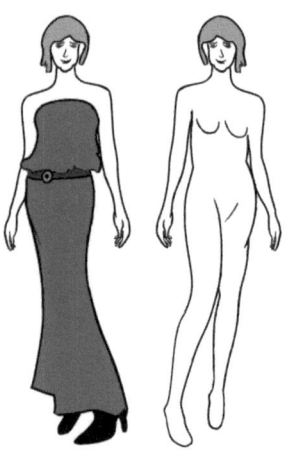

*Sie **an**zuzieh'n ist sicherlich
immer wieder schön für mich,
doch noch viel lieber zieh' die Maus
bis auf die Haut privat ich **aus**!"*

Grenzenlose Toleranz?

*Rügen, kritisieren und
sich beschweren ohne Grund,
tadeln und an allen Sachen
mäkeln und herunter machen
das, was andere gestalten,
und sich für was Bess'res halten,
das kann jeder Idiot.
Aber muss es ein Gebot
sein, dass dieser Menschenschlag
das auch tut den ganzen Tag?*

Schwadroneure

*Wer kennt sie nicht, die Laberköpfe,
diese nervenden Geschöpfe,
die man nie zur Ruhe bringt
und denen es sogar gelingt,
nicht nur allein den **andern** allen
sondern sich **selbst** ins Wort zu fallen.*

Verdrehte Zustimmung

*Jedes Mal krieg' ich die Krätze
vor Wut, wenn jemand seine Sätze
mit kritischem „Ja, aber…" startet,
obwohl man „Aber ja!" erwartet.*

Fachjargon

Ich kenn' seit vielen Jahren schon
Heinz-Dieter, der als Metzgersohn
den Laden übernommen hat
und in des Vaters Stapfen trat.
Schon vorher lebte er nicht schlecht,
hat gut gefuttert und gezecht,
doch nun beginnt er morgens schon
und kennt bis abends kein Pardon:
Schinken, Würste, und als Clou
immer auch ein Bier dazu!
Seine Antwort auf die Frage,
wie die Leber das ertrage?
„Hab' eben Hunger stets und Durst –
da ist mir meine **Leber wurst**!"

Bauernregel

Für mich ist jeder Pessimist
ein Mensch, der überflüssig ist,
obwohl den -mist ich gelten lass,
auf dem wächst wenigstens noch was!

Lernverzug

Manch Bengel lernt, beim Naseputzen
diskret ein Taschentuch zu nutzen,
viel später als mit lautem Schimpfen,
die Nase dumm und dreist zu rümpfen!

Ordnungsgemäß

Es wundert nicht, wenn in Behörden
Menschen nicht **behandelt** werden,
sondern meist nur **abgefertigt**,
wenn man sich vergegenwärtigt,
dass in der Verwaltungswelt
— beamtet oder angestellt —
unter den Abteilungsspitzen
Sachbearbeiter nur sitzen!

Wundersam

Bissiger von Jahr zu Jahr
wurde Tante Adelgunde,
proportional ganz offenbar
zum Zahnverlust in ihrem Munde!

Berufliche Härte

*Der Komiker ist ungehalten,
dass er mit Kummer und Verdruss
nach der Scheidung von der Alten
die Ex noch unterhalten muss!*

Beschränkter Horizont

*Als Gott die Menschen hat gemacht,
war nicht im Traum daran gedacht,
dass sie in seinen Schöpfungsskizzen
gleich großen Horizont besitzen.
Doch ich bin sicher, dass er nicht
den Menschen wollte, dessen Sicht
sich streng dogmatisch eingeengt
auf **einen** Punkt zusammendrängt,
den dieser auch noch konsequent
anmaßend einen **Standpunkt** nennt.*

Bedienungsfehler

Erst bringt er mir ein warmes Bier,
und dann erklärt er wortreich mir,
als mein Essen ich bestelle,
jedes Mal gleich auf die Schnelle,
alles, wonach mein Verlangen,
sei gerade ausgegangen!
Als er dann noch hämisch grient,
war vom Kellner ich bedient.

Nachruf

Ein Spanner, dessen Ende nahte,
der wollte selbst die obligate
Annonce, die der Nachwelt kündigt,
dass er endgültig ausgesündigt,
verfassen für die Tageszeitung.
Als Fazit seiner Ausarbeitung
da fand dann letzten End's er
„Nun bin ich wirklich weg vom Fenster!"

Blitzblanke Sauberkeit

Wer allzu stolz versichert: „Mein
Gewissen und auch Herz sind rein!",
riskiert es, dass man fragend stutzt,
ob er denn beides auch benutzt.

Gebremster Tageslauf

So mancher fühlt sich irritiert,
wenn sein Tag nicht strukturiert.
Planmäßig *muss der Ablauf sein,*
sonst verspürt man Seelenpein.
So nimmt man Tage an den Zügel
stutzt ihrer Phantasie die Flügel,
Verlebt sie monoton und bräsig
im wahren Wortsinn – **plan** *und* **mäßig***!*

Ewige Freundschaft

Freunde bleiben gerne treu:
Auch solche, die mal untertauchen,
schauen dann bei dir vorbei,
wenn sie deine Freundschaft brauchen.

Farbenspiel

So manche Freundschaft, die beginnt,
so lehrt das Leben, erst am Tresen,
wenn Menschen, die nicht **grün** *sich sind,*
gemeinsam einmal **blau** *gewesen.*

Glanzprobleme

Es gibt ja Menschen hier und dort,
die melden ständig sich zu Wort.
Sie wollen glänzen, jetzt und immer –
auch ohne jeden blassen Schimmer!

Radikal-Opposition

*Meines Freundes jüngster Sohn
nennt sich seit zehn Jahren schon
rebellierender Student,
wie man sie schon lange kennt:
Bestreitet alles mit Gewalt ...
... bis auf den Lebensunterhalt!*

Wachsamkeit

*Nachhaltigkeit und Umweltschutz
statt Ausbeutung und Eigennutz,
ich glaube, langsam lernen wir,
worauf es ankommt, jetzt und hier,
denn mancher gibt schon mächtig acht,
was der **Nachbar** Falsches macht!*

Heimat-Liebe

*Der Jockel aus Garmisch, der hielte sehr gern
die Fremden aus seiner geliebten Stadt fern.
Drum ist schon seit Jahren sein Wunsch und Begehr:
„Kondom-Pflicht für alle im Fremdenverkehr!"*

Hindernis

*Er war zu allem stets bereit,
doch es fehlte ihm ganz schlicht
als Hilfe eine Kleinigkeit:
Zu was gebrauchen war er nicht!*

Kompliziert

*Was man „geniale Lösung" preist,
ist für den Dummkopf allermeist
nur Kinkerlitz und großer Mist,
weil es doch **viel zu einfach** ist.*

Spaß statt Freud

Mein Patenkind, die Annemarie,
studierte als erstes Psychologie.
Jedoch nach sieben Jahren knapp
brach' sie als freudlos dieses ab
und warf sich voller Energie
auf's Studienfach Ethnologie.
Das bringt ihr deutlich mehr an Spaß,
vor allem liebt sie daran, dass
hier die Objekte zum Studieren
schon fachbedingt stets variieren,
und ihr zu Nutzen und zu Frommen
aus aller Herren Länder kommen.
Studienobjekte ohne Zahl,
aus Indien und dem Senegal,
aus Kanada und weiß-nicht-wo.
Derzeit studiert sie frisch, fromm, froh,
ganz ethnologisch mit und an
Abebe-Hassan aus Oman.
Er ist – wie man korrekt es nennt –
*ihr vierzehnter **Austausch**-Student.*

Blender

So manchen hält man für beredt,
nur weil man ihn nicht recht versteht.
Doch Unverständlichkeit allein
kann kein Beweis für Bildung sei

Kulturbanause

Selbst intellektuell bebrillt
als reichlich ungebildet gilt,
wer lauthals zu erkennen gibt,
dass er Achilles-Verse liebt!

Ewige Treue

Mit Heinz verbindet mich nichts mehr,
*weil er so **treu** ist, ja so sehr,*
wie kaum ein Mensch es glauben mag!
Heinz bleibt ganz standhaft, Tag für Tag,
bei seiner Meinung unbeirrt –
selbst wenn er sie mal korrigiert!

Fatales Zusammentreffen

*Karl ist ein selten armer Tropf
mit einem dicken Brett vor'm Kopf,
doch leider merkt er das nicht und
nimmt außerdem kein Blatt vor'n Mund.*

Der Reinfall

*Er trug die Anstecknadel nur, um **auf** zu fallen,
Angabe war sein Lebenselixier.
Nun ist die arme Seele **drauf** gefallen –
Gott helfe ihr!*

.

Nachtrag

> ### *Was (noch) nicht im Duden steht:*
>
> **simplosophisch** – Adjektiv
> <u>Trennung</u>: sim-plo-so-phisch
> <u>Betonung</u>: simplosophisch
> <u>Häufigkeit</u>: Das Wort ist nicht im Dudenkorpus belegt
> <u>Bedeutung</u>: a) Die Simplosophie (Einfach-Philosophie) betreffend, zu ihr gehörend
> b) lebenserfahren, versonnen
> c) in der Art eines Simplosophen
> <u>Herkunft</u>: (sehr)spätlateinisch: *simplex, philosophicus*
> <u>Steigerung</u>: simplosophischer, am simplosophischten
> <u>Beugung</u>: stark (*ohne Artikel*) schwach (*mit bestimmtem Artikel*) gemischt (mit *ein, kein, Possessivpronomen u. a.*)

Wer nun wissen möchte, was mir als simplosophischem Verseschmied sonst noch so zwischen Hammer und Amboss geraten ist, der kann das in meinen übrigen Bänden gereimter Einsichten und Erkenntnisse nachlesen, die unter dem Titel **Simplosophisches** *bei* **Book on Demand** *erschienen sind.*

Band 1:
Älter werden / Liebe
(ISBN: 978-3-7431-3419-5)

Im ersten Band seiner gereimten Beobachtungen und Erkenntnisse hebt der Begründer der Simplosophie im Spiel mit der Sprache ganz eigene Wahrnehmungen beim Älterwerden und auf dem Feld der Liebe ins Bewusstsein ...

Band 3:
Irritationen
(ISBN: 978-3-7431-4877-2)

Im dritten Band unternimmt der simplosophische Verseschmied den Versuch, Verunsicherungen zu beseitigen, die im gedankenlosen Umgang mit der Sprache entstehen, auch wenn das gelegentlich zu neuer Verwirrung führt ...

Band 4:
Einsichten
(ISBN: 978-3-7431-4883-3)

Im vierten Band finden sich heitere, aber auch nachdenkliche Früchte der simplosophischen Erkenntnissuche ...

Band 5:
Verhaltensweisen
Nachrichten aus Kalau

(ISBN: 978-3-7431-2519-3)

Im fünften Band geht es um die breite Palette menschlichen Verhaltens und um die Frage, ob nicht Kalau vielleicht die heimliche Hauptstadt der Simplosophie ist ...

Band 6:
Essen und Trinken
Neues aus Kalau

(ISBN: 978-3-7431-3436-2)

Im sechsten Band sind leibliche Genüsse, deren Folgen und ein weiterer Besuch in Kalau Gegenstand der simplosophischen Betrachtung ...

- - -

Leseproben im Internet: *www.bod.de/buchshop*. Dort in die Suchmaske **Simplosphisches** eingeben.

Ist dort auch direkt bestellbar (5 €; im Inland versandkostenfrei) – und natürlich auch im Buchhandel und bei den Internetversendern zu erwerben. Wer ein persönlich signiertes Buch wünscht, kann sich auch direkt an mich wenden (5 € incl. Versand):

Rudolf Köster, Kasernenweg 3, 79494 Soest,
🖥 rudokoester@aol.com, ☏ 02921/9432029

**Abschließend noch ein Buchhinweis
für Kinder ab 10, Jugendliche und
jung gebliebene Erwachsene:**

Meine Enkelin Paula, ein Mädchen voller Lebenslust und Phantasie, hält das Geschehen um sich herum gerne in kleinen Erzählungen fest, seit sie schreiben kann. Aus unserer gemeinsamen Freude am Fabulieren ist die Idee erwachsen, Paulas Erlebnisse und ihre Sicht auf die Welt jeweils zeitnah in der Form eines Entwicklungsromans miteinander zu erzählen.

Im ersten Band unseres Projekts *Jugendjahre* über das Erwachsenwerden der beiden von Paula entworfenen Hauptpersonen treffen Charlotte und Paul in der Eingangsklasse des Gymnasiums in Großbach aufeinander:

Sie wissen zu diesem Zeitpunkt noch nicht, dass sie Geschwister sind, die als Kleinkinder ihre Eltern durch einen Autounfall verloren haben. Während Charlotte von

"Opi" Konstantin, einem Onkel ihrer Mutter, und dessen Haushälterin liebevoll aufgenommen worden ist, musste ihr ein Jahr älterer Bruder nach einem missglückten Aufenthalt in einer Pflegefamilie wieder zurück ins Kinderheim. Sie begegnen sich also als Fremde, was erst einmal zu einigen Komplikationen führt …

In den Folgebänden werden Charlotte und Paul all die kleinen und großen Abenteuer, die Glücksmomente und auch die Krisen erleben, die der Weg vom Kind in die Welt der Erwachsenen für sie bereit hält. Wie es da weiter geht, wissen demnach zurzeit weder sie noch ihr Opa.

Eine längere Leseprobe finden Sie bei *Google Books* (https://books.google.de/),
dort **Paula Aus heiterem Himmel** eingeben.

Ist ebenfalls Bei BoD bestellbar (5,99 €; im Inland versandkostenfrei) – und natürlich auch im Buchhandel und bei den Internetversendern zu erwerben.

Wer ein persönlich signiertes Buch /6 € incl. Versand) wünscht, kann sich gerne auch direkt an mich wenden:

Rudolf Köster, Kasernenweg 3, 79494 Soest,
💻 rudokoester@aol.com, ☎ 02921/9432029